ALPHABET

INGENIEUX,

OU

METHODE

TRES-PARTICULIERE
POUR APPRENDRE A LIRE

en peu de jours.

Par *JEAN MOULINIER, &*
PIERRE GOBAIN, Maîtres Ecrivains
Jurez de la Ville de Bordeaux.

A PARIS,

Chez JEAN-BAPTISTE BROCAS, ruë
Saint Jacques, au Chef Saint Jean.

M. DCCXXVII.

AVEC PRIVILEGE DU ROY.

PREFACE.

L'Ufage de cet Alphabet ingenieux eft non feulement utile aux enfans ; mais même à une infinité de perfonnes qui ne fçavent pas lire regulierement, parce qu'elles n'ont jamais reflechi fur la difficulté qu'il y a de fçavoir diftinguer & affembler les fyllabes ; ce que connoîtront clairement ceux qui fe ferviront de ce Livre : car il renferme la Methode d'apprendre à bien lire en peu de jours , & eft abfolument neceffaire pour l'Ortographe, étant certain qu'on ne peut écrire un mot qu'auparavant l'efprit n'en ait diftingué & affemblé les fyllabes; ainfi les fautes que l'on y fait viennent de ce qu'on ne fçait pas fyllaber les mots , ne connoiffant le nombre des Lettres, les voyelles & confones qu'il faut pour compofer une fyllabe.

De la Lettre.

La Lettre eft une partie indivifible du difcours.

On compte ordinairement vingt-trois lettres , mais en y ajoutant j & v confones & s ronde ou finale , il y en a vingt fix , qui font A , B , C , D , &c.

On nomme voyelles , a , e , i , o , u , y parce que ces lettres forment un fon d'elles mêmes.

On nomme confones les autres lettres , parce qu'elles font jointes avec une voyelle.

L'j confone fe diftingue de l'i voyelle par fa figure, & fe joint aux voyelles pour faire les fyllabes , comme ja , je , ji , jo , ju , &c.

L'v confone fe diftingue auffi de l'u voyelle par fa figure , & fe joint aux voyelles pour faire les fyllabes , va , ve , vi , vo , vû , &c.

Or la lecture de ce Livre fervira à détruire tous les doutes que l'efprit pourra avoir fur ce fujet , puifque l'on y a difpofé à gauche les mots dans l'ordre commun & ordinaire, & à la droite ces mots font feparez par un trait perpendiculaire , & les fyllabes par un trait horifontal. Cette methode eft un grand fecours pour ceux qui font enfeignez : comme il fe remarque dans les pays étrangers, qui fe fervent de cette maniere d'enfeigner, avec un fuccès admirable. C'eft ce qui a obligé à le rendre public.

A ij

.A a b c d e f g h i j k l m n o p
q r s t u v x y z.

Lettres Capitales.

A B C D E F G H I J K L M N O P
Q R S T U V X Y Z.

Lettres doubles.

& ct ff ſſ fi ſi fl ſl ſt ffi ſſi ffl.

Voyelles.

a , e , i , o , u , y.

Conſones.

b c d f g h j k l m n p q r ſ t v x z.

a	b	c	d	e	f	g	h	ij	k	l	m
a	b	c	d	e	f	g	h	ij	k	l	m
A	B	C	D	E	F	G	H	IJ	K	L	M
A	B	C	D	E	F	G	H	IJ	K	L	M

n	o	p	q	r	ſs	t	u	v	x	y	z
n	o	p	q	r	ſs	t	u	v	x	y	z
N	O	P	Q	R	S	T	U	V	X	Y	Z
N	O	P.	Q	R	S	T	U	V	X	Y	Z

Let | tres | dou | bles.

&	&	ff	ll	fi	fi	ff	ff	ft	ffi	ffi	ff	ffl

Voy ‑ el ‑ les.

a,	e,	i,	o,	u, y

Con‑ ſo ‑ nes.

b	c	d	f	g	h	j	k	l	m	n	o	p	q	r	ſ	t	v	x	z

A iij

SYLLABES.

a	e	i	o	u.
ba	be	bi	bo	bu.
ca	ce	ci	co	cu.
da	de	di	do	du.
fa	fe	fi	fo	fu.
ga	ge	gi	go	gu.
ha	he	hi	ho	hu.
ja	je	ji	jo	ju.
la	le	li	lo	lu.
ma	me	mi	mo	mu.
na	ne	ni	no	nu.
pa	pe	pi	po	pu.
qua	que	qui	quo	quu.
ra	re	ri	ro	ru.
ſa	ſe	ſi	ſo	ſu.
ta	te	ti	to	tu.
va	ve	vi	vo	vu.
xa	xe	xi	xo	xu.
za	ze	zi	zo	zu.

a	e	i	o	u.
ba	be	bi	bo	bu.
ca	ce	ci	co	cu.
da	de	di	do	du.
fa	fe	fi	fo	fu.
ga	ge	gi	go	gu.
ha	he	hi	ho	hu.
ja	je	ji	jo	ju.
la	le	li	lo	lu.
ma	me	mi	mo	mu.
na	ne	ni	no	nu.
pa	pe	pi	po	pu.
qua	que	qui	quo	quu.
ra	re	ri	ro	ru.
ſa	ſe	ſi	ſo	ſu.
ta	te	ti	to	tu.
va	ve	vi	vo	vu.
xa	xe	xi	xo	xu.
za	ze	zi	zo	zu.

Abreviations.

ã	am	an
é	em	en
ï	im	in
õ	om	on
ũ	um	un
ꝰ	us.	

A - bre - vi - a - ti - ons.

ã	am	an
ẽ	em	en
ĩ	im	in
õ	om	on
ũ	um	un
9	us.	

L'Oraison Dominicale.

PAter noster qui es in cœlis, sanctificetur nomen tuum. Adveniat regnum tuum. Fiat voluntas tua sicut in cælo & in terra. Panem nostrum quotidianum da nobis hodie. Et dimitte nobis debita nostra, sicut & nos dimittimus debitoribus nostris. Et ne nos inducas in tentationem, sed libera nos à malo, Amen.

La Salutation Angelique.

AVe Maria gratia plena : Dominus tecum. Benedicta tu in mulieribus, & benedictus

O - ra - ti - o | Do - mi - ni - ca. |

PA - ter | nof-ter | qui | es | in | cœ - lis, | fanc - ti - fi - ce-tur | no - men | tu - um. | Ad - ve - ni - at | re - gnum | tu - um. | Fi - at | vo - lun - tas | tu - a | fi - cut | in | cœ - lo | & | in | ter - ra. | Pa - nem | nof - trum | quo -ti - di - a - num | da | no - bis | ho - di - e. | Et | di - mit - te | no - bis | de - bi - ta | nof - tra, | fi - cut | & | nos | di - mit - ti - mus | de - bi - to - ri - bus | nof - tris. | Et | ne | nos | in - du - cas | in | ten - ta - tio-nem, | fed | li - be - ra | nos | à | ma - lo. | A - men.

Sa - lu - ta - ti - o | An - ge - li. |

A - Ve | Ma - ri - a - | gra - tia - | ple - na : | Do - mi - nus | te - cum. | Be - ne - dic-ta | tu | in | mu - li-e - ri-bus, | & | be - ne - dic-tus |

fructus ventris tui Jefus. Sancta Maria Mater Dei , ora pro nobis peccatoribus , nunc & in hora mortis noftræ. Amen.

Le Credo.

CRedo in Deum Patrem omnipotentem , Creatorem cœli & terræ. Et in Jefum Chriftum Filium ejus unicum Dominum noftrum. Qui conceptus eft de Spiritu fancto , natus ex Maria Virgine. Paffus fub Pontio Pilato , crucifixus , mortuus & fepultus. Defcendit ad inferos. Tertia die refurrexit à mortuis. Afcendit ad cælos : fedet ad dexteram Dei Patris omnipotentis. Indè venturus eft judicare vi-

fruc-tus | ven-tris | tu-i | Je-fus. | Sanc-ta |
Ma-ri-a | Mater | De-i, | o-ra | pro | no-
bis | pec-ca-to-ri-bus, | nunc | & | in | ho-
ra | mor-tis | nof-træ. | A-men.

Du-o-de-cim | *Ar-ti-cu-li* | *fi-de-i.* |

CRe-do | in | De-um | Pa-trem | om-ni-
po-ten-tem, | Cre-a-to-rem | cœ-li |
& | ter-ræ. | Et | in | Je-fum | Chrif-tum |
Fi-li-um | e-jus | u-ni-cum | Do-mi-num |
nof-trum. | Qui | con-cep-tus | eft | de |
Spi-ri-tu | fanc-to, | na-tus | ex | Ma-ri-a |
Vir-gi-ne. | Paf-fus | fub | Pon-ti-o | Pi-
la-to, | cru-ci-fi-xus, | mor-tu-us | & | fe-
pul-tus. | Def-cen-dit | ad | in-fe-ros. |
Ter-ti-a | di-e | re-fur-re-xit | à | mor-tu-is. |
Af-cen-dit | ad | cœ-los : | fe-det | ad | dex-
te-ram | De-i | Pa-tris | om-ni-po-ten-tis. |
In-dè | ven-tu-rus | eft | ju-di-ca-re | vi- |

vos & mortuos. Credo in Spiritum fanctum, fanctam Ecclefiam Catholicam, Sanctorum Communionem, Remiffionem peccatorum, Carnis refurrectionem, Vitam æternam. Amen.

Le Confiteor.

COnfiteor Deo omnipotenti, beatæ Mariæ femper Virgini, beato Michaëli Archangelo, beato Joanni Baptiftæ, fanctis Apoftolis Petro & Paulo, omnibus Sanctis, & tibi Pater, quia peccavi nimis cogitatione, verbo & opere ; meâ culpâ, meâ culpâ, meâ maximâ culpâ. Ideò precor beatam Mariam femper Virginem, beatum Michaëlem

vos | & | mor-tu - os. | Cre - do | in | Spi-ri-
tum | fanc-tum, | fanc - tam | Ec-cle-fi-am,
Ca-tho-li-cam. | Sanc-to-rum | Com-mu-ni-o-
nem, | Re-mif-fi-o-nem | pec-ca-to-rum, |
Car-nis | re - fur-rec-ti-o-nem. | Vi - tam |
æ - ter - nam. | A - men. |

Con - fi - te - or.

COn-fi-te-or | De-o | om-ni-po-ten-ti, |
be-a-tæ | Ma-ri-æ | fem-per | Vir-gi-ni, |
be - a - to | Mi-cha - ë - li | Ar-chan - ge - lo, |
be-a-to | Jo - an - ni | Bap-tif-tæ, | fanc-tis |
A-pof-to-lis | Pe-tro | & | Pau-lo, | om-ni-
bus | Sanc-tis, | & | ti-bi | Pa-ter | qui-a |
pec-ca-vi | ni-mis | co-gi-ta-ti-o-ne, | ver-
bo | & | o-pe-re ; | me-â | cul-pâ, | me-â |
cul-pâ, | me-â | ma-xi-mâ | cul-pâ. | I-de-ò |
pre-cor | be-a-tam | Ma-ri-am | fem-per |
Vir-gi-nem , | be-a-tum | Mi-cha-ë-lem |

Archangelum , beatum Joannem Baptistam , Sanctos Apostolos Petrum & Paulum , omnes Sanctos , & te Pater , orare pro me ad Dominum Deum nostrum.

Le Benedicite.

Benedicite (Dominus) nos & ea quæ sumus sumpturi benedicat dextera Christi. In Nomine Patris , & Filii & Spiritus sancti. Amen.

Actions de graces après le Repas.

Agimus tibi gratias Rex omnipotens Deus pro universis beneficiis tuis , qui vivis & regnas Deus per omnia sæcula sæculorum. Amen.

Ar-

Ar-chan-ge-lum, | be-a-tum | Jo-an-nem | Bap tif-tam , | Sanc-tos | A-pof to-los | Pe-trum | & Pau-lum , | om-nes | fanc-tos , | & | te | Pa-ter | o-ra-re | pro | me | ad | Do-mi-num | De-um | nof-trum. |

Be - ne - dic - ti - o | Men - fa. |

BE-ne-di-ci-te | (Do-mi-nus) | nos | & | ea | quæ | fu-mus | fump-tu-ri | be-ne-di cat | dex te-ra | Chrif ti. | In | no-mi-ne | Pa-tris, | & | Fi-li-i | & | Spi-ri tus | fanc-ti. | A-men. |

Gra - ti - a | de | Ci - bo. |

A-Gi-mus | ti-bi | gra-ti as | Rex | om-ni-po-tens | De-us | pro | u-ni-ver-fis | be-ne-fi-ci is | tu-is , | qui | vi-vis | & | re gnas | De-us | per | om-ni-a | fæ-cu-la | fæ cu-lo-rum. | A-men. |

LES SEPT PSEAUMES

PENITENTIAUX.

PSEAUME. 6.

DOmine ne in furore tuo arguas me : neque in ira tua corripias me.

Miserere mei Domine , quoniam infirmus sum , sana me Domine : quoniam conturbata sunt ossa mea.

Et anima mea turbata est valdè : sed tu Domine usquequò ? Convertere Domine , & eripe animam meam , salvum me fac propter misericordiam tuam.

Quoniam non est in morte qui memor sit tui : in inferno autem quis confitebitur tibi.

LES | SEPT | PSE-AU-MES |
| PE-NI-TEN-TI-AUX. |
PSAL-MUS | 6. |

DO-mi-ne | ne in fu-ro-re | tu-o | ar-gu-as | me : ne-que | in | i-ra | tu-a | cor-ri-pi-as | me. |

Mi-se-re-re | me-i | Do-mi-ne, | quo-ni-am | in-fir-mus | sum : | sa-na | me | Do-mi-ne, | quo-ni-am | con-tur-ba-ta | sunt | os-sa | me-a. |

Et | a-ni-ma | me-a | tur-ba-ta | est | val-dè : | sed | tu | Do-mi-ne | us-que-quò ? |

Con-ver-te-re- | Do-mi-ne, | & | e-ri-pe | a-ni-mam | me-am , | sal-vum | me | fac | prop-ter | mi-se-ri-cor-di-am | tu-am. |

Quo-ni-am | non | est | in | mor-te | qui | me-mor | sit | tu-i : | in | in-fer-no | au-tem | qu-is | con-fi-te-bi-tur | ti-bi. |

Laboravi in gemitu meo , lavabo per singulas noctes lectum meum , lachrymis meis stratum meum rigabo.

Turbatus est à furore oculus meus : inveteravi inter omnes inimicos meos.

Discedite à me omnes , qui operamini iniquitatem : quoniam exaudivit Dominus vocem fletus mei.

Exaudivit Dominus deprecationem meam : Dominus orationem meam suscepit.

Erubescant & conturbentur vehementer omnes inimici mei : convertantur & erubescant valdè velociter. Gloria Patri , &c.

La - bo - ra - vi | in | ge - mi - tu | me - o, | la - va-
bo | per | fin - gu - las | noc - tes | lec - tum |
me-um, | la - chry - mis | me - is | ftra - tum |
me-um | ri-ga-bo. |

Tur - ba - tus | eft | à | fu - ro - re | o - cu - lus |
me - us : | in - ve - te - ra - vi | in - ter | om - nes |
i-ni-mi-cos | me-os. |

Dif-ce-di-te | à | me | om - nes , | qui | o - pe-
ra - mi - ni | i - ni - qui - ta - tem : | quo - ni - am |
ex-au-di-vit | Do-mi-nus | vo cem | fle-tus |
me-i. |

Ex-au-di-vit | Do-mi-nus | de-pre-ca-ti-o-
nem | me-am : | Do-mi-nus | o-ra-ti-o-nem |
me-am | fuf-ce-pit. |

E-ru-bef-cant | & | con-tur ben-tur | ve-he-
men-ter | om-nes | i-ni-mi-ci | me-i : | con-
ver-tan-tur | & | e-ru-bef-cant | val-dè | ve-
lo-ci-ter. | Gro-ri-a | Pa-tri, | &c.

PSEAUME 31.

BEati quorum remissæ sunt iniquitates : & quorum tecta sunt peccata.

Beatus vir cui non imputavit Dominus peccatum : nec est in spiritu ejus dolus.

Quoniam tacui, inveteraverunt ossa mea : dum clamarem tota die.

Quoniam die ac nocte gravata est super me manus tua : conversus sum in ærumna mea, dum configitur spina.

Delictum meum cognitum tibi feci : & injustitiam meam non abscondi.

Dixi confitebor adversum me injustitiam meam Domino : & tu-

PSAL-MUS | 31. |

BE-a-ti | quo-rum |-remif-fæ | funt | i-ni-qui-ta-tes, | & | quo-rum | tec-ta | funt | pec-ca-ta. |

Be-a-tus | vir | cu-i | non | im-pu-ta-vit | Do-mi-nus | pec-ca-tum : | nec | eft | in | fpi-ri-tu | e-jus | do-lus. |

Quo-ni-am | ta-cu-i , | in-ve-te-ra-ve-runt | of-fa | me-a : dum | cla-ma-rem | to-ta-di-e. |

Quo-ni-am | di-e | ac | noc-te | gra-va-ta | eft fu-per | me | ma-nus | tu-a : | con-ver-fus | fum | in | æ-rum-na | me-a , | dum | con-fi-gi-tur | fpi-na. |

De-lic-tum | me-um | co-gni-tum | ti-bi fe-ci : | in-juf-ti-ti-am | me-am | non | abf-con-di. |

Di-xi | con-fi-te-bor | ad-ver-fum | me || in-juf-ti-ti-am | me-am | Do-mi-no : | & | tu |

remisisti impietatem peccati mei.

Pro hac orabit ad te omnis sanc-
tus : in tempore opportuno.

Verumtamen in diluvio aquarum
multarum , ad eum non approxi-
mabunt.

Tu es refugium meum à tribulatione , quæ circumdedit me : exul-
tatio mea erue me à circumdan-
tibus me.

Intellectum tibi dabo , & instruam
te in via hac qua gradieris : firma-
bo super te occulos meos.

Nolite fieri sicut equus & mulus:
quibus non est intellectus.

In camo & fræno maxillas eorum
constringe : qui non approximant
ad te.

re-mi-ſiſ-ti | im-pi-e-ta-tem | pec-ca-ti | me-i |

Pro | hac | o - ra-bit | ad | te | om - nis | ſanc-
tus, | in | tem-po-re | op-por-tu-no. |

Ve-rum-ta-men | in | di-lu-vi-o | a-qua-rum |
mul-ta-rum, | ad | e-um | non | ap - pro - xi-
ma-bunt. |

Tu | es | re - fu-gi-um | me-um | à | tri-bu-la-
ti-o-ne, | quæ | cir-cum-de-dit | me : | ex-ul-
ta-ti-o | me-a | e-ru-e | me | à | cir-cum-dan-
ti-bus | me. |

In-tel-lec-tum | ti-bi | da-bo, | & | inſ-tru-am |
te | in | vi - a | hac | qua | gra-di-e-ris : | fir-
bo | ſu-per | te | o-cu-los | me-os. |

No-li-te | fi-e-ri | ſi-cut | e-qu-us | & | mu-lus, |
qui-bus | non | eſt | in-tel-lec-tus. |

In | ca-mo | & | fræ-no | ma-xil-las | e-o-rum |
conſ-trin-ge, | qui | non | ap-pro-xi-mant |
ad | te. |

Multa flagella peccatoris : speran-
tem autem in Domino misericordia circumdabit.

Lætamini in Domino , & exul-
tate justi : & gloriamini omnes
recti corde. Gloria Patri , &c.

PSEAUME 37.

DOmine ne in furore tuo
arguas me : neque in ira
tua corripias me.

Quoniam sagittæ tuæ infixæ sunt
mihi : & confirmasti super me
manum tuam.

Non est sanitas in carne mea
à facie iræ tuæ : non est pax
ossibus meis à facie peccatorum
meorum.

Quoniam iniquitates meæ super-

Mul-ta fla-gel-la | pec-ca-to-ris , | fpe-ran-
tem | au-tem | in | Do-mi-no | mi-fe-ri-cor-
di-a | cir-cum-da-bit. |

Læ-ta-mi-ni | in | Do-mi-no , | & | ex-ul-
ta-te | juf-ti , | & | glo-ri-a-mi-ni | om-nes |
rec-ti | cor-de. | Glo-ri-a | Pa-tri , | &c. |

P SAL-M us | 37. |

DO-mi - ne | ne | in | fu-ro-re | tu-o |
ar - gu - as | me, | ne - que | in | i-ra
tu - a | cor - ri - pi - as | me. |

Quo-ni-am | fa-git-tæ | tu-æ | in-fi-xæ | funt |
mi-hi , | con - fir - maf-ti | fu - per | me |
ma-num | tu-am. |

Non | eft | fa-ni-tas | in | car-ne | me-a |
à | fa-ci-e | i-ræ | tu-æ , | non | eft | pax |
of-fi bus | me-is | à | fa-ci-e | pec-ca-to-rum |
me - o - rum. |

Quo ni-am | i-ni-qui-ta-tes | me-æ | fu-per-

greſſæ ſunt caput meum : & ſi-
cut onus grave gravatæ ſunt ſuper me.

Putruerunt & corruptæ ſunt ci-
catrices meæ : à facie inſipien-
tiæ meæ.

Miſer factus ſum , & curvatus ſum
uſque in finem : tota die con-
triſtatus ingrediebar.

Quoniam lumbi mei impleti ſunt
illuſionibus : & non eſt ſanitas
in carne mea.

Afflictus ſum , & humiliatus ſum
nimis : rugiebam à gemitu cordis mei

Domine , ante te omne deſiderium
meum : & gemitus meus à te
non eſt abſconditus.

gref-fæ | funt | ca-put | me-um, | & | fi-
cut | o-nus | gra-ve | gra-va-tæ | funt | fu-
per | me. |

Pu-tru-e-runt | & | cor-rup-tæ | funt | ci-
ca-tri-ces | me-æ, | à | fa-ci-e | in-fi-pi-en-
ti æ | me-æ. |

Mi-fer | fac-tus | fum | & | cur-va-tus | fum |
uf-que | in | fi-nem : | to-ta | di-e | con-
trif-ta-tus | in-gre-di-e-bar. |

Quo-ni-am | lum-bi | me-i | im-ple-ti | funt
il-lu-fi-o-ni-bus, | & | non | eft | fa-ni-tas
in | car-ne | me-a. |

Af-flic tus | fum, | & | hu-mi-li-a-tus | fum |
ni-mis, | ru-gi-e-bam | à | ge-mi-tu | cor-
dis | me-i. |

Do-mi-ne | an-te | te | om-ne | de-fi-de-ri-um |
me-um, | & | ge-mi-tus | me-us | à | te |
non | eft | abf-con-di-tus. |

Cor meum conturbatum est dereliquit me virtus mea : & lumen oculorum meorum , & ipsum non est mecum.

Amici mei & proximi mei adversum me appropinquaverunt & steterunt.

Et qui juxta me erant , de longè steterunt : & vim faciebant qui quærebant animam meam.

Et qui inquirebant mala mihi locuti sunt vanitates : & dolos tota die meditabantur.

Ego autem tanquam surdus non audiebam : & sicut mutus non aperiens os suum.

Et factus sum sicut homo non audiens : & non habens in ore

Cor | me-um | con-tur-ba-tum | est | de-
re-li-quit | me | vir-tus | me-a , | & | lu-
men | o-cu-lorum | me-o-rum, | & | ip-sum
non | est | me-cum. |

A-mi-ci | me-i | & | pro-xi-mi | me-i | ad-
ver-sum | me | ap-pro-pin-qua-ve-runt | & |
ste-te-runt. |

Et | qui | jux-ta | me | e-rant , | de | lon-
gè | ste-te-runt : | & | vim | fa-ci-e-bant |
qui | quæ-re-bant | a-ni-mam | me-am. |

Et | qui | in-qui-re-bant | ma-la | mi-hi, |
lo-cu-ti | sunt | va-ni-ta-tes, | & | do-los |
to-ta | di-e | me-di-ta ban-tur. |

E-go | au-tem | tan-quam | sur-dus | non |
au-di-e-bam, | & | si-cut | mu-tus | non |
a-pe-ri-ens | os | su-um. |

Et | fac-tus | sum | si-cut | ho-mo | non |
au-di-ens , | & non | ha-bens | in | o-re |

ſuo redargutiones.

Quoniam in te Domine ſperavi : tu exaudies me Domine Deus meus.

Quia dixi , nequando ſupergaudeant mihi inimici mei : & dum commoventur pedes mei ſuper me magna locuti ſunt.

Quoniam ego in flagella paratus ſum : & dolor meus in conſpectu meo ſemper.

Quoniam iniquitatem meam annunciabo , & cogitabo pro peccato meo.

Inimici autem mei vivunt , & confirmati ſunt ſuper me : & multiplicati ſunt qui oderunt me iniquè.

Qui retribuunt mala pro bonis

ſu-o | re-dar-gu-ti-o-nes. |

Quo-ni-am | in | te | Do-mi-ne | ſpe-ra-vi : | tu |
ex-au-di-es | me | Do-mi-ne | De-us | me-us. |

Qui-a | di-xi , | ne-quan-do | ſu-per-gau-
de-ant | mi-hi | i-ni-mi-ci | me-i : | & |
dum | com-mo-ven-tur | pe-des | me-i | ſu-
per | me | ma-gna | lo-cu-ti | ſunt.

Quo-ni-am | e-go | in | fla-gel-la | pa-ra-tus
ſum : | & | do-lor | me-us | in | con-ſpec-tu |
me-o | ſem-per. |

Quo-ni-am | i-ni-qui-ta-tem | me-am | an-
nun-ci-a-bo | & | co-gi-ta-bo | pro | pec-
ca-to | me-o. |

I-ni-mi-ci | au-tem | me-i | vi-vunt , | & |
con-fir-ma-ti | ſunt | ſu-per | me : | & | mul-
ti-pli-ca-ti | ſunt | qui | o-de-runt | me |
i-ni-què. |

Qui | re-tri-bu-unt | ma-la | pro | bo-nis |

detrahebant mihi : quoniam sequebar bonitatem.

Ne derelinquas me Domine Deus meus : ne discesseris à me.

Intende in adjutorium meum : Domine Deus salutis meæ.
Gloria Patri , &c.

PSEAUME 50.

MIserere mei Deus : secundum magnam misericordiam tuam.

Et secundum multitudinem miserationum tuarum : dele iniquitatem meam.

Amplius lava me ad iniquitate mea : & à peccato meo munda me.

Quoniam iniquitatem meam ego cognosco : & peccatum meum

de - tra - he - bant | mi - hi : | quo - ni - am | fe-
que - bar | bo - ni - ta - tem. |

Ne | de - re - lin - quas | me | Do - mi - ne | De - us |
me - us : | ne | dif - cef - fe - ris | à | me. |

In - ten - de | in | ad - ju - to - ri - um | me - um : |
Do - mi - ne | De - us | fa - lu - tis | me - æ. |
Glo - ri - a | Pa - tri , | &c. |

P S A L - M U S | 50. |

MI - fe - re - re | me - i | De - us : | fe cun-
dum | ma - gnam | mi - fe - ri - cor - di - am |
tu - am. |

Et | fe - cun - dum | mul - ti - tu - di - nem | mi - fe-
ra - ti - o - num | tu - a - rum : | de - le | i - ni - qui-
ta - tem | me - am. |

Am - plius | la - va | me | ab | i - ni - qui - ta - te |
me - a : | & | à | pec - ca - to | me - o | mun - da | me. |

Quo - ni - am : | i - ni - qui - ta - tem | me - am | e - go |
co - gnof - co : | & | pec - ca - tum | me - um |
C ij

contra me est semper.

Tibi soli peccavi & malum coram te feci : ut justificeris in sermonibus tuis , & vincas cum judicaris.

Ecce enim in iniquitatibus conceptus sum : & in peccatis concepit me mater mea.

Ecce enim veritatem dilexisti ; incerta & occulta sapientiæ tuæ manifestasti mihi.

Asperges me Domine hyssopo & mundabor : lavabis me , & super nivem dealbabor.

Auditui meo dabis gaudium & lætitiam : & exultabunt ossa humiliata.

Averte faciem tuam à peccatis

con - tra | me | eſt | ſem - per. |

Ti - bi | ſo - li | pec - ca - vi | & | ma - lum | co-
ram | te | fe - ci : | ut | juſ - ti - fi - ce - ris | in |
ſer - mo - ni - bus | tu - is | & | vin - cas | cum |
ju - di - ça - ris. |

Ec-ce | e-nim | in | i - ni - qui - ta - ti - bus | con-
cep - tus | ſum : | & | in | pec - ca - tis | con-
ce - pit | me | ma - ter | me - a. |

Ec-ce | e-nim | ve - ri - ta - tem | di - le - xiſ - ti ; |
in-cer - ta | & | oc - cul - ta | ſa - pi - en - ti - æ |
tu - æ | ma - ni - feſ - taſ - ti | mi - hi. |

Aſ - per - ges | me | Do - mi - ne | hyſ - ſo - po |
& | mun - da - bor : | la - va - bis | me, | & |
ſu - per | ni - vem | de - al - ba - bor. |

Au-di-tu-i | me - o | da - bis | gau - di - um | & |
læ - ti - ti - am : | & | ex - ul - ta - bunt | oſ - ſa |
hu - mi - li - a - ta. |

A-ver-te | fa - ci - em | tu - am | à | pec - ca - tis |

meis : & omnes iniquitates meas dele.

Cor mundum crea in me Deus : & spiritum rectum innova in visceribus meis.

Ne projicias me à facie tua : & spiritum sanctum tuum ne auferas à me.

Redde mihi lætitiam salutaris tui : & spiritu principali confirma me.

Docebo iniquos vias tuas : & impii ad te convertentur.

Libera me de sanguinibus Deus Deus salutis meæ : & exaltabit lingua mea justitiam tuam.

Domine labia mea aperies : & os meum annunciabit laudem tuam.

me-is : | & | om-nes | i-ni-qui-ta-tes | me-as |
de-le. |

Cor | mun - dum | cre - a | in | me | De-us : |
& | fpi-ri-tum | rec-tum | in - no- va | in | vif-
ce - ri - bus | me - is. |

Ne | pro-ji-ci-as | me | à | fa-ci-e | tu-a : |
& | fpi-ri-tum | fanc-tum | tu-um | ne |
au-fe-ras | à | me. |

Red-de | mi-hi | læ-ti-ti-am | fa-lu-ta-ris |
tu-i : | & | fpi-ri-tu | prin-ci-pa-li | con-fir-
ma | me. |

Do-ce-bo | i-ni-quos | vi-as
im-pi-i | ad | te | con-ver-

Li-be-ra | me | de | fan-gui
De-us | fa-lu-tis | me-
lin-gua | me-a | juf-ti-t

Do-mi-ne | la-bi-a
me-um | an-n

Quoniam si voluisses sacrificium
dedissem utique : holocaustis non
delectaberis.

Sacrificium Deo spiritus contri-
bulatus : cor contritum & humi-
liatum Deus non despicies.

Benignè fac Domine in bona vo-
luntate tua Sion : ut ædificentur
muri Jerusalem.

Tunc acceptabis sacrificium justi-
oblationes & holocausta :
onent super altare tuum
ia Patri , &c.

u M E 101.

adi orationem
clamor meus ad

à me :

Quo ni-am | si | vo-lu-if-fes | fa-cri-fi-ci-um |
dé-dif-fem | u-ti-que | ho-lo-cauf-tis | non |
de - lec - ta - be - ris. |

Sa-cri-fi-ci-um | De - o | fpi-ri-tus | con - tri-
bu - la - tus : | cor | con - tri - tum | & | hu - mi-
li - a - tum | De - us | non | def - pi - ci - es. |

Be - ni - gnè | fac | Do - mi - ne | in | bo - na | vo-
lun-ta-te | tu-a | Si-on : | ut | æ-di-fi-cen-tur |
mu - ri | Je - ru - fa - lem. |

Tunc | ac-cep-ta-bis | fa-cri-fi-ci-um | juf-ti-
ti-æ | o-bla-ti-o-nes | & | ho-lo-cauf-ta : |
tunc | im-po-nent | fu-per | al-ta-re | tu-um |
vi-tu-los. | Glo - ri - a | Pa - tri, | &c. |

P S A L M U S | 101. |

DO - mi-ne | ex-au-di | o-ra-ti-o-nem |
me - am : | & | cla-mor | me - us | ad |
te | ve - ni - at. |
Non | a-ver-tas | fa-ci-em | tu-am | à | me : |

in quacumque die tribulor, incli
na ad me aurem tuam.

In quacumque die invocavero
te : velociter exaudi me.

Quia defecerunt sicut fumus dies
mei : & ossa mea sicut cremium
aruerunt.

Percussus sum ut fœnum, & aruit
cor meum : quia oblitus sum co-
medere panem meum.

A voce gemitus mei : adhæsit
os meum carni meæ.

Similis factus sum pellicano so-
litudinis : & factus sum sicut
nicticorax in domicilio.

Vigilavi, & factus sum sicut pas-
ser solitarius in tecto.
Tota di-e exprobrabant mihi ini-

in | qua-cum-que | di-e | tribulor | in-cli-
na | ad | me | au-rem | tu-am.

In | qua-cum-que | di-e | in-vo-ca-ve-ro |
te : | ve-lo-ci-ter | ex-au-di | me. |

Qui-a | de-fe-ce-runt | si-cut | fu-mus | di-es |
me-i : | & | of-fa | me-a | si-cut cre-mi-um |
a-ru-e-runt. |

Per-cuf-fus | fum | ut | fœ-num , | & | a-ru-it |
cor | me-um : qui-a | o-bli-tus | fum | co-
me-de-re | pa-nem | me-um. |

A | vo-ce | ge-mi-tus | mei | : ad-hæ-fit |
os | me-um | car-ni | me-æ. |

Si-mi-lis | fac-tus | fum | pel-li-ca-no | fo-
li-tu-di-nis : | & | fac-tus | fum | fi-cut |
nic-ti-co-rax | in | do-mi-ci-li-o. |

Vi-gi-la-vi , | & | fac-tus | fum | ficut | paf-
fer | fo-li-ta-ri-us | in | tec-to. |

To-ta | di-e | ex-pro-bra-bant | mi-hi | i-nimici mei : & qui laudabant me adversum me jurabant.

Quia cinerem tanquam panem manducabam : & potum meum cum fletu miscebam.

A facie iræ & indignationis tuæ : quia elevans allisisti me. Dies mei sicut umbra declinaverunt & ego sicut fœnum arui.

Tu autem Domine in æternum permanes : & memoriale tuum in generationem & generationem.

Tu exurgens Domine misereberis Sion : quia tempus miserendi ejus , quia venit tempus.

Quoniam placuerunt servis tuis lapides ejus : & terræ ejus miserebuntur.

mi-ci | me - i : | & | qui | lau - da - bant | me |
ad - ver - fum | me | ju - ra - bant. |

Qui - a | ci - ne - rem | tan - quam | pa - nem |
man - du - ca - bam : | & | po - tum | me - um |
cum | fle - tu | mif - ce - bam. |

A | fa - ci - e | i - ræ | & | in - di - gna - ti - o - nis |
tu - æ : | qui - a | e - le - vans | al - li - fif - ti | me. |

Di - es | me - i | fi - cut | um - bra | de - cli - na - ve-
runt : | & | e - go | fi - cut | fœ - num | ar - ui. |

Tu | au - tem | Do - mi - ne | in | æ - ter - num |
per - ma - nes : | & | me - mo - ri - a - le | tu - um | in |
ge - ne - ra - ti - o - nem | & | ge - ne - ra - ti - o - nem. |

Tu | ex - ur - gens | Do - mi - ne | mi - fe - re - be-
ris | Si - on : | qui - a | tem - pus | mi - fe - ren-
di | e - jus, | qui - a | ve - nit | tem - pus. |

Quo - ni - am | pla - cu - e - runt | fer - vis | tu - is |
la - pi - des | e - jus : | & | ter - ræ | e - jus | mi-
fe - re - bun - tur. |

Et timebunt gentes nomen tuum
Domine : & omnes reges terræ
gloriam tuam.

Quia ædificavit Dominus Sion :
& videbitur in gloria sua.

Respexit in orationem humilium :
& non sprevit precem eorum.

Scribantur hæc in generatione
altera : & populus qui creabi-
tur laudabit Dominum.

Quia prospexit de excelso sancto
suo : Dominus de cœlo in terram aspexit.

Ut audiret gemitus compedito-
rum : ut solveret filios interemp-
torum.

Ut annuncient in Sion nomen
Domini : & laudem ejus in Je-

ru-fa-lem. |

In | con-ve-ni-en-do | po-pu-los | in | u-num: |
& | Re-ges | ut | fer-vi-ant | Do-mi-no. |

Ref-pon-dit | e-i | in | vi-a | vir-tu-tis | fu-æ : |
pau-ci-ta-tem | di-e-rum | me-o-rum | nun-
ci-a | mi-hi. |

Ne | re-vo-ces | me | in | di-mi-di-o | di-e-
rum | me-o-rum : | in | ge-ne-ra-ti-o-nem |
& | ge-ne-ra-ti-o-nem | an-ni | tui. |

I-ni-ti-o | tu | Do-mi-ne | ter-ram | fun-daf-
ti : | & | o-pe-ra | ma-nu-um | tu-a-rum |
funt | cœ-li. |

Ip-fi | pe-ri-bunt | tu | au-tem | per-ma-
nes : | & | om-nes | fi-cut | vef-ti-men-tum |
ve-te-raf-cent. |

Et | fi-cut | o-per-to-ri-um | mu-ta-bis | e-os |
& | mu-ta-bun-tur : | tu | au-tem | i-dem |
ip-fe | es : | & | an-ni | tu-i | non | de-fi-ci-ent. |

Filii servorum tuorum habita-
bunt : & semen eorum in sæculum dirigetur. Gloria Patri , &c.

Pseaume 129.

DE profundis clamavi ad te
Domine : Domine exaudi
vocem meam.

Fiant aures tuæ intendentes : in
vocem deprecationis meæ.

Si iniquitates observaveris Domine :
Domine quis sustinebit.

Quia apud te propitiatio est :
& propter legem tuam sustinui te
Domine.

Sustinuit anima mea in verbo
ejus speravit anima mea in
Domino.

A custodia matutina usqu· ad

Fi-li-i | fer-vo-rum | tu-o-rum | ha-bi-ta-
bunt : | & | fe-men | e-o-rum | in | fæ-cu-lum |
di-ri-ge-tur. | Glo-ri-a | Pa-tri , | &c. |

P S A L - M U S | 129. |

DE | pro-fun-dis | cla-ma-vi | ad | te |
Do-mi-ne : | Do-mi-ne | ex-au-di |
vo-cem | me-am. |

Fi-ant | au-res | tu-æ | in-ten-den tes : | in
vo-cem | de-pre-ca-ti-o-nis | me-æ. |

Si | i-ni-qui-ta-tes | ob-fer-va-ve-ris | Do-
ne : | Do-mi-ne | quis | fuf-ti-ne-bir

Qui-a | a-pud | te | pro-pi-

& | prop-ter | le-gem | tu-ar

Do-mi-ne. |

Suf-ti-nu-it | a-ni-ma | me

e-jus : | fpe-ra-vit | a-ni-ma |

Do-mi-no. |

A | cuf-to-di-a | ma-tu-ti-na | uf-que

noctem : superet Israël in Domino.

Quia apud Dominum misericordia & copiosa apud eum redemptio.

Et ipse redimet Israël : ex omnibus iniquitatibus ejus.

Gloria Patri, &c.

Pseaume 142.

DOmine exaudi orationem meam : auribus percipe obse-
em meam in veritate tua :
n tua justitia.

in judicium cum
quia non justifica-
conspectu tuo omnis

persecutus est inimicus ani-
..n meam : humiliavit in terra

noc-tem : | fpe-ret | If-ra-ël | in | Do-mi-no. |
Qui-a | a-pud | Do-mi-num | mi-fe-ri-cor-
di-a} : | & | co-pi-o-fa | a-pud | e-um | re-
demp-ti-o. |

Et | ip-fe | re-di-met | If-ra-ël : | ex | om-
ni-bus | i-ni-qui-ta-ti-bus | e-jus. |

Glo-ri-a | Pa-tri , | &c. |

P S A L - M U S | 142. |

L me-am : | au-ri-b... o-ra-ti-o-nem | ...ci-pe | ob-fe-
cra-ti-o-nem | me-am | in | ve... -te | tu-a, |
ex-au-di | me | in | tu-a | juf-ti-ti-a. |

Et | non | in-tres | in | ju-di-ci-um | cum |
fer-vo | tu-o : | qui-a | non | juf-ti-fi-ca-
bi-tur , | in | conf-pec-tu | tu-o | om-nis |
vi-vens. |

Qui-a | per-fe-cu-tus | eft | i-ni-mi-cus | a-ni-
mam | me-am , | hu-mi-li-a-vit | in | ter-ra |

vitam meam.

Collocavit me in obscuris sicut mortuos saeculi , & anxiatus est super me spiritus meus : in me turbatum est cor meum.

Memor fui dierum antiquorum ; meditatus sum in omnibus operibus tuis : & in factis manuum tuarum medita

Expandi m   as ad te : anima mea   terra sine aqua tibi.

Velociter exaudi me Domine : defecit spiritus meus.

Non avertas faciem tuam à me & similis ero descendentibus in lacum.

Auditam fac mihi manè misericordiam tuam : quia in te speravi.

vi-tam | me-am |.

Col-lo-ca-vit | me | in | ob-scu-ris ſ ſi-cut | mor-tu-os | ſæ-cu-li , | an-xi-a-tus | eſt | ſu-per | me | ſpi-ri-tus | me-us : | in | me | tur-ba-tum | eſt | cor | me-um. |

Me-mor | fu-i | di-e-rum | an-ti-quo-rum, | me-di ta tus | ſum | in | om-ni-bus | o-pe-ri-bus | tu-is | & | in | fac-tis | ma-nu-um | ſu-a-rum | me-di-ta-bar. |

Ex-pan-di | ma-nus | me-as | ad | te, | a-nima | me-a | ſi-cut | ter-ra | ſi-ne | a-qua | ti-bi. | Ve-lo-ci-ter | ex-au-di | me | Do-mi-ne , | de-fe-cit | ſpi-ri-tus | me-us. |

Non | a-ver-tas | fa-ci-em | tu-am | à | me , | & | ſi-mi-lis | e-ro | deſ-cen-den-ti-bus | in | la-cum.

Au-di-tam | fac | mi-hi | ma-nè | mi-ſe-ri-cor-di-am | tu-am, | qui-a | in | te | ſp.e-ra-vi. |

Notam fac mihi viam in qua ambulem : quia ad te levavi animam meam.

Eripe me de inimicis meis, Domine, ad te confugi : doce me facere voluntatem tuam, quia Deus meus es tu.

Spiritus tuus bonus deducet me in terram rectam propter nomen tuum, Domine : vivificabis me in æquitate tua.

Educes de tribulatione animam meam : & in misericordia tua disperdes inimicos meos.

Et perdes omnes, qui tribulant animam meam : quoniam ego servus tuus sum. Gloria Patri, &c.

ANT. Ne reminiscaris Domine de-

No-tam | fac | mi-hi | vi-am | in | qua | am-
bu-lem : | qui-a | ad | te | le-va-vi | a-ni-
mam | me-am. |

E-ri-pe | me | de | i-ni-mi-cis | me-is , | Do-
mi-ne , | ad | te | con-fu-gi : | do-ce | me |
fa-ce-re | vo-lun-ta-tem | tu-am , | qui-a |
De-us | me-us | es | tu. |

Spi-ri-tus | tu-us | bo-nus | de-du-cet | me |
in | ter-ram | rec-tam | prop-ter | no-men |
tu-um | Do-mi-ne : | vi-vi-fi-ca-bis | me | in |
æ-qui-ta-te | tu-a. |

E-du-ces | de | tri-bu-la-ti-o-ne | a-ni-mam |
me-am : | & | in | mi-se-ri-cor-di-a | tu-a |
dif-per-des | i-ni-mi-cos | me-os. |

Et | per-des | om-nes , | qui | tri-bu-lant |
a-ni-mam | me-am, | quo-ni-am | e-go | fer-
vus | tu-us | fum. | Glo-ri-a | Pa-tri , | &c. |
Ant. | Ne | re-mi-nif-ca-ris | Do-mi-ne | de-

licta nostra vel parentum nostro-
rum , neque vindictam sumas de
peccatis nostris.

LES VESPRES DU DIMANCHE.

P S E A U M E 109.

Dixit Dominus Domino meo :
sede à dextris meis.

Donec ponam inimicos tuos :
scabellum pedum tuorum.

Virgam virtutis tuæ emittet Dominus ex Sion : dominare in
medio inimicorum tuorum.

Tecum principium in die virtutis tuæ in splendoribus sanctorum : ex utero ante luciferum
genui te.

Juravit Dominus, & non pœni-

lic-ta | nof-tra | vel | pa-ren-tum | nof-tro-
rum, | ne-que | vin-dic-tam | fu-mas | de |
pec-ca-tis | nof-tris. |

P S A L . M U S | 109. |

DI-xit | Do-mi-nus | Do-mi-no | me-o, |
fe-de | à | dex-tris | me-is. |

Do - nec | po-nam | i-ni-mi-cos | tu-os , |
fca-bel-lum | pe-dum | tu-o-rum. |

Vir-gam | vir-tu-tis | tu-æ | e-mit-tet | Do-
mi-nus | ex | Si-on | do-mi-na-re | in | me-
di-o | i-ni-mi-co-rum | tu-o-rum. |

Te-cum | prin-ci-pi-um | in | di-e | vir-tu-
tis | tu-æ | in | fplen-do-ri-bus | fanc-to-
rum : | ex | u-te-ro | an-te | lu-ci-fe-rum |
ge-nu-i | te. |

Ju-ra-vit | Do-mi-nus, | & | non | pœ-nitebit eum : tu es Sacerdos in æternum , secundum ordinem Melchisedech.

Dominus à dextris tuis : confregit in die iræ suæ reges.

Judicabit in nationibus implebit ruinas : conquaffabit capita in terra multorum.

De torrente in via bibet : propterea exaltabit caput.
Gloria Patri , &c.

PSEAUME IIO.

Confitebor tibi Domine in toto corde meo : in confilio juftorum & congregatione.

Magna opera Domini : exquifita in omnes voluntates ejus.

Confeffio & magnificentia opus

te-bit | e-um : | tu | es | Sa-cer-dos | in | æ-
ter-num , | se-cun-dum | or-di-nem | Mel-
chi-se-dech. |

Do-mi-nus | à | dex-tris | tu-is , | con-fre-
git | in | di-e | i-ræ | su-æ | re-ges. |

Ju-di-ca-bit | in | na-ti-o-ni-bus | im-ple-
bit | ru-i-nas : | con-quas-sa-bit | ca-pi-ta |
in | ter-ra | mul-to-rum. |

De | tor-ren-te | in | vi-a | bi-bet : | prop-
te-re-a | ex-al-ta-bit | ca-put. |
Glo-ri-a | Pa-tri , &c. |

P S A L M U S | 110. |

Con-fi-te-bor | ti-bi | Do-mi-ne | in |
to-to | cor-de | me-o , | in | con-si-li-o |
jus-to-rum | & | con-gre-ga-ti-o-ne. |

Ma-gna | o-pe-ra | Do-mi-ni , | ex-qui-si-ta |
in | om-nes | vo-lun-ta-tes | e-jus. |

Con-fes-si-o | & | ma-gni-fi-cen-ti-a | o-pus |

ejus : & justitia ejus manet in saeculum saeculi.

Memoriam fecit mirabilium suorum, misericors & miserator Dominus : escam dedit timentibus se.

Memor erit in saeculum testamenti sui , virtutem operum suorum annunciabit populo suo.

Ut det illis haereditatem gentium : opera manuum ejus veritas & judicium.

Fidelia omnia mandata ejus confirmata in saeculum saeculi : facta in veritate & aequitate.

Redemptionem misit Dominus populo suo , mandavit in aeternum testamentum suum.

Sanctum & terribile nomen ejus :

e-jus : | & | juſ-ti-ti-a | e-jus | ma-net | in |
ſæ-cu-lum | ſæ-cu-li. |

Me-mo-ri-am | fe-cit | mi-ra-bi-li-um | ſu-o-
rum, | mi-ſe-ri-cors | & mi-ſe-ra-tor | Do-
mi-nus : | eſ-cam | de-dit | ti-men-ti-bus | ſe. |
Me-mor | erit | in | ſæ-cu-lum | teſ-ta-men-
ti | ſu-i : | vir-tu-tem | o-pe-rum | ſu-o-rum |
an-nun-ci-a-bit | po-pu-lo | ſu-o |
Ut | det | il-lis | hæ-re-di-ta-tem | gen-
ti-um : | o-pe-ra | ma-nu-um | e-jus | ve-ri-
tas | & | ju-di-ci-um. |
Fi-de-li-a | om-ni-a | man-da-ta | e-jus |
con-fir-ma-ta | in | ſæ-cu-lum | ſæ-cu-li : |
fac-ta | in | ve-ri-ta-te | & | æ-qui-ta-te. |
Re-demp-ti o-nem | mi-ſit | Do-mi-nus |
po-pu-lo | ſu-o : | man-da-vit | in | æ-ter-num |
teſ-ta-men-tum | ſu-um. |
Sanc-tum | & | ter-ri-bi-le | no-men | e-jus, |

initium sapientiæ timor Domini.

Intellectus bonus omnibus facientibus eum , laudatio ejus manet in sæculum sæculi.

Gloria Patri , & Filio , &c.

PSAUME III.

BEatus vir qui timet Dominum , in mandatis ejus volet nimis.

Potens in terra erit semen ejus , generatio rectorum benedicetur.

Gloria & divitiæ in domo ejus & justitia ejus manet in sæculum sæculi.

Exortum est in tenebris lumen rectis , misericors & miserator & justus.

Jucundus homo qui miseretur & commodat , disponet sermones suos

inii-ni-ti-um | fa-pi-en-ti-æ | ti-mor | Do-mi-ni. |

In-tel-lec-tus | bo-nus | om-ni-bus | fa-ci-en-ti-bus | e-um; | lau da-ti-o | e-jus | ma-net | in | fæ-cu-lum | fæ-cu-li. |

Glo-ri-a | Pa-tri, | & | Fi-li-o, | &c.

P S A L M U S | III. |

BE-a-tus | vir | qui | ti-met | Do-mi-num; | in | man da-tis | e-jus | vo-let | ni-mis. |

Po-tens | in | ter-ra | e-rit | fe-men | e-jus; | ge-ne-ra-ti-o | rec-to-rum | be-ne-di-ce-tur. |

Glo-ri-a | & || di-vi-ti-æ | in | do-mo | e-jus; | & | juf-ti-ti-a | e-jus | ma-net | in | fæ-cu-lum | fæ-cu-li. |

Ex-or-tum | eft | in | te-ne-bris | lu-men | rec-tis, | mi-fe-ri-cors | & | mi-fe-ra-tor | & | juf-tus. |

Ju-cun-dus | ho-mo | qui | mi-fe-re-tur | & | com-mo-dat, | dif-po-net | fer mo-nes | fu-os |

E

in judicio quia in æternum non commovebitur.

In memoria æterna erit justus : ab auditione mala non timebit.

Paratum cor ejus sperare in Domino confirmatum est cor ejus : non commovebitur donec despiciat inimicos suos.

Dispersit dedit pauperibus, justitia ejus manet in sæculum sæculi : cornu ejus exaltabitur in gloria.

Peccator videbit & irascetur, dentibus suis fremet & tabescet : desiderium peccatorum peribit.

Gloria Patri , & Filio , &c.

PSEAUME 112.

Laudate pueri Dominum : laudate nomen Domini.

in | ju-di-ci-o ; | qui-a | in | æ-ter-num | non | com-mo ve-bi-tur. |

In | me-mo-ri-a | æ-ter-na | e-rit | juſ-tus : | ab | au-di-ti-o-ne | ma-la | non | ti-me-bit. |

Pa-ra-tum | cor | e-jus | ſpe-ra-re | in | Do-mi-no | con-fir-ma-tum | eſt | cor | e-jus : | non | com-mo-ve-bi-tur | do-nec | deſ-pi-ci-at | i-ni-mi-cos | ſu-os. |

Diſ-per-ſit | de-dit | pau-pe-ri-bus , | juſ-ti-ti-a | e-jus | ma-net | in | ſæ-cu-lum | ſæ-cu-li : | cor-nu | ejus | ex-al-ta-bi-tur | in | glo-ri-a. |

Pec-ca-tor | vi-de-bit | & | i-raſ-ce-tur, | den-ti-bus | ſu-is | fre-met | & | ta-beſ-cet : | de-ſi-de-ri-um | pec-ca-to-rum | pe-ri-bit. |

Glo-ri-a | Pa-tri, | & | Fi-li-o, | &c. |

P S A L - M U S | 112. |

L Au-da-te | pu-e-ri | Do-mi-num : | lau-da-te | no-men | Do-mi-ni. |

Sit nomen Domini benedictum ;
ex hoc nunc & usque in sæculum.

A solis ortu usque ad occasum ,
laudabile nomen Domini.

Excelsus super omnes gentes Dominus : & super cælos gloria ejus.

Quis sicut Dominus Deus noster
qui in altis habitat ; & humilia
respicit in cælo & in terra.

Suscitans à terra inopem : & de
stercore erigens pauperem.

Ut collocet eum cum principibus : cum principibus populi
sui.

Qui habitare facit sterilem in
domo : matrem filiorum lætantem.

Gloria Patri , & Filio , &c.

Sicut erat in principio , &c.

Sit | no-men | Do-mi-ni | be-ne-dic-tum : |
ex | hoc | nunc | & | uſ-que | in | ſæ-cu-lum. |

A | ſo-lis | or-tu | uſ-que | ad | oc-ca-ſum : |
lau-da-bi-le | no-men | Do-mi-ni. |

Ex-cel-ſus | ſu-per | om-nes | gen-tes | Do-
mi-nus : | & | ſu-per | cæ-los | glo-ri-a | e-jus. |

Quis | ſi-cut | Do-mi-nus | De-us noſ-ter |
qui | in | al-tis | ha-bi-tat : | & | hu-mi-li-a |
reſ-pi-cit | in | cœ-lo | & | in | ter-ra. |

Suſ-ci-tans | à | ter-ra | i-no-pem : | & | de |
ſter-co-re | e-ri-gens | pau-pe-rem. |

Ut | col-lo-cet | e-um | cum | prin-ci-pi-
bus : | cum | prin-ci-pi-bus | po-pu-li |
ſu-i. |

Qui | ha-bi-ta-re | fa-cit | ſte-ri-lem | in | do-
mo : | ma-trem | fi-li-o-rum | læ-tan-tem. |

Glo-ri-a | Pa-tri, | & | Fi-li-o , | &c. |

Si-cut | e-rat | in | prin-ci-pi-o | &c. |

E iij

PSEAUME 113.

IN exitu Ifraël de Ægypto : domus Jacob de populo barbaro.

Facta est Judæa fanctificatio ejus : Ifraël poteftas ejus.

Mare vidit & fugit : Jordanis converfus est retrorfum.

Montes exultaverunt ut arietes : & colles ficut agni ovium.

Quid eft tibi mare quod fugifti ; & tu Jordanis quia converfus es retrorfum ?

Montes exultaftis ficut arietes : & colles ficut agni ovium.

A facie Domini mota eft terra : à facie Dei Jacob.

Qui convertit petram in ftagna

35

P S A L M U S | 113. |

IN | e-xi-tu | If-ra-ël | de | Æ-gyp-to : | do-mus | Ja-cob | de | po-pu-lo | | bar-ba-ro. |

Fac-ta | eſt | Ju-dæ-a | ſanc-ti-fi-ca-ti o | e-jus : If-ra-ël | po-teſ-tas | e-jus. |

Ma-re | vi-dit | & | fu-git ! | Jor-da-nis | con-ver-ſus | eſt | re-tror-ſum. |

Mon-tes | e-xul-ta-ve-runt | ut | a-ri-e-tes : | & | col-les | ſi-cut | a-gni | o-vi-um. |

Quid | eſt | ti-bi | ma-re | quod | fu-giſ-ti ? | & | tu | Jor-da-nis | qui-a | con-ver-ſus | es | re-tror-ſum ? |

Mon-tes | exul-taſ-tis | ſi-cut | a-ri-e-tes : | & | col-les | ſi-cut | a-gni | o-vi-um. |

A | fa-ci-e | Do-mi-ni | mo-ta | eſt | ter-ra : | à | fa-ci-e | De-i | Ja-cob. |

Qui | con-ver-tit | pe-tram | in | ſta-gna |

aquarum : & rupem in fontes
aquarum.

Non nobis Domine non nobis : sed
nomini tuo da gloriam.

Super misericordia tua & veritate tua : nequando dicant gentes,
ubi est Deus eorum ?

Deus autem noster in cœlo : omnia quæcumque voluit fecit.

Simulachra gentium argentum &
aurum : opera manuum hominum.

Os habent, & non loquentur :
oculos habent, & non videbunt.

Aures habent, & non audient : na-
res habent, & non odorabunt.

Manus habent, & non palpabunt,
pedes habent & non ambulabunt :
non clamabunt in gutture suo.

a-qua-rum : | & | ru-pem | in | fon-tes |
a-qua-rum. |

Non | no bis | Do-mi-ne | non | no-bis : | fed |
no-mi-ni | tu-o | da | glo-ri-am. |

Su-per | mi-fe-ri-cor-di-a | tu-a | & | ve-ri-
ta-te | tu-a : | ne-quan-do | di-cant | gen-tes , |
u bi | eft | De-us | e o-rum. |

De-us | au-tem | nof-ter | in | cœlo : | om-
ni-a | quæ-cum-que | vo-lu-it | fe-cit. |

Si-mu-la-chra | gen-ti-um | ar-gen-tum | & |
au-rum : | o-pe-ra | ma-nu-um | ho-mi-num. |

Os | ha-bent , | & | non | lo-quen-tur : |
o-cu-los | ha-bent , | & | non | vi-de-bunt. |

Au-res | ha-bent, | & | non | au-di-e^{n}t : | na-
res | ha-bent , | & non | o-do-ra-bunt. |

Ma-nus | ha-bent , | & | non | pal-pa-bunt, |
pe-des | ha-bent | & | non | am-bu-la-bunt : |
non | cla-ma-bunt | in | gu-tu-re | fu-o. |

Similes illis fiant qui faciunt ea :
& omnes qui confidunt in eis.

Domus Aaron fperavit in Domino : adjutor eorum & protector
eorum eft.

Domus Ifraël fperavit in Domino : adjutor eorum & protector
eorum eft.

Qui timent Dominum fperaverunt
in Domino : adjutor eorum &
protector eorum eft.

Domus memor fuit noftri : &
benedixit nobis.

Bedixit domui Ifraël , benedixit
domui Aaron.

Benedixit omnibus qui timent Dominum : pufillis cum majoribus.

Adjiciat Dominus fuper vos : fu-

Si-mi-les | il-lis | fi-ant | qui | fa-ci-unt | e-a : | & | om-nes | qui con-fi-dunt | in | e-is. |

Do-mus | Aa-ron | spe-ra-vit | in | Do-mi-no : | ad-ju-tor | e-o-rum | & | pro tec-tor | e-o-rum | est. |

Do-mus | If-ra-ël | spe-ra-vit | in | Do-mi-no : ad-ju-tor | e-o-rum | & | pro-tec-tor | e-o-rum | est. |

Qui | ti-ment | Do-mi-num | spe-ra-ve-runt | in | Do-mi-no : | ad-ju-tor | e-o-rum | & | pro-tec-tor | e-o-rum | est. |

Do-mi-nus | me-mor | fu-it | nof-tri : | & | be-ne-di-xit | no-bis. |

Be-ne-di-xit | do-mu-i | If-ra-ël , | be-ne-di-xit | do-mu-i | Aa-ron. |

Be-ne di-xit | om-ni-bus | qui | ti-ment | Do-mi-num : | pu-fil-lis | cum | ma-jo-ri bus. |

Ad-ji-ci-at | Do-mi-nus | fu-per | vos : | fu-per vos & super filios vestros.

Benedicti vos à Domino : qui fecit cœlum & terram.

Cœlum cœli Domino : terram autem dedit filiis hominum.

Non mortui laudabunt te Domine : neque omnes qui descendunt in infernum.

Sed nos qui vivimus benedicimus Domino : ex hoc nunc & usque in sæculum. Gloria Patri, &c.

HYMNE.

Lucis Creator optime,
Lucem dierum proferens
Primordiis lucis novæ,
Mundi parans originem.
Qui manè junctum vesperi,
Diem vocari præcipis

per | vos | & | su-per | fi-li-os | ves-tros. |

Be-ne-dic-ti | vos | à Do-mi-no : | qui | fe-cit | cœ-lum | & | ter-ram. |

Cæ-lum | cœ-li | Do-mi-no : | ter-ram | au-tem | de-dit | fi-li-is | ho-mi-num. |

Non | mor-tui | lau-da-bunt | te | Do-mi-ne , | ne-que | om-nes | qui | des-cen-dunt | in | in-fer-num. |

Sed | nos | qui | vi-vi-mus | be-ne-di-ci-mus | Do-mi-no : | ex | hoc | nunc | & | us-que | in | sæ-cu-lum. | Glo-ri-a | Pa-tri, | &c. |

| H Y M-N E. |

LU-cis | Cre-a-tor | op-ti-me, |
Lu-cem | di-e-rum | pro-fe-rens, |
Pri-mor-di-is | lu-cis | no-væ ; |
Mun-di | pa-rans | o-ri-gi-nem. |

Qui | ma-nè | junc-tum | ves-pe-ri ; |
Di-em | vo-ca-ri | præ-ci-pis, |

Tetrum chaos illabitur ;
Audi preces cum fletibus.

Ne mens gravata crimine,
Vitæ sit exul munere,
Dum nil perenne cogitat ,
Sefeque culpis illigat.

Cœlorum pulset intimum ,
Vitale tollat præmium ,
Vitemus omne noxium ,
Purgemus omne peſſimum.

Præſta Pater piiſſime ,
Patrique compar Unice,
Cum Spiritu Paracleto,
Regnans per omne ſæculum. Amen ;
Verſet. Dirigatur Domine oratio
mea.

Répons. Sicut incenſum in conſpectu tuo.

Te-trum | cha-os | il-la-bi-tur, |
Au-di | pre-ces | cum | fle-ti-bus. |

Ne | mens | gra-va-ta | crimine, |
Vi-tæ | sit | ex-ul | mu-ne-re , |
Dum | nil | pe-ren-ne | co-gi-tat, |
Se-se-que | cul-pis | il-li-gat. |

Cœ-lo-rum | pul-set | in-ti-mum, |
Vi-ta le | tol-lat | præ-mi-um, |
Vi-te-mus | om-ne | no-xi-um , |
Pur-ge-mus | om-ne | pef-fi-mum. |

Præf-ta | Pa-ter | pi-if-fi-me, |
Pa-tri-que | com-par | U ni-ce, |
Cum | Spi-ri-tu | Pa-ra-cle-to, |
Re-gnans | per | om-ne | fæ-cu-lum. | A-men. |
Ver-fet. | Di-ri-ga-tur | Do-mi-ne | o-ra-ti-o |
me-a. |

Ré-pons . | Si-cut | in-cen-fum | in | conf-pec-
tu | tu-o. |

LE MAGNIFICAT.

Agnificat anima mea Dominum.

Et exultavit spiritus meus : in Deo salutari meo.

Quia respexit humilitatem ancillæ suæ : ecce enim ex hoc beatam me dicent omnes generationes.

Quia fecit mihi magna qui potens est : & sanctum nomen ejus.

Et misericordia ejus à progenie in progenies, timentibus eum.

Fecit potentiam in brachio suo : dispersit superbos mente cordis sui.

Deposuit potentes de sede : & exaltavit humiles.

Esurientes implevit bonis : &
MA-

MA-GNI-FI-CAT. |

MA-gni-fi-cat | a-ni-ma | me-a | Do-mi num. |

Et | ex-ul-ta-vit | spi-ri-tus | me-us : | in | De-o | sa-lu-ta ri | me-o. |

Qui-a | res-pe-xit | hu-mi-li-ta-tem | an-cil-læ | su-æ | ec-ce | e-nim | ex | hoc | be-a-tam | me | di-cent | om-nes | ge-ne-ra-ti-o-nes. |

Qui-a | fe-cit | mi-hi | ma-gna | qui | po-tens | est : | & | sanc-tum | no-men | e-jus. |

Et | mi-se-ri-cor-di-a | e-jus | à | pro-ge-ni-e | in | pro-ge-ni-es : | ti-men-tibus | e-um. |

Fe-cit | po-ten-ti-am | in | bra-chi-o | su o : | dis-per-sit | su-per-bos | men te | cor-dis su-i. |

De-po-su-it | po-ten-tes | de | se-de : | & | ex-al-ta-vit | hu-mi-les. |

E-su-ri-en-tes | im-ple-vit | bo-nis : | & |

F

divites dimifit inanes.

Sufcepit Ifraël puerum fuum : recordatus mifericordiæ fuæ.

Sicut locutus eft ad Patres nof- tros : Abraham , & femini ejus in fæcula. Gloria Patri , &c.

LES REPONS DE LA MESSE.

Sacerdos. INtroibo ad Altare Dei.
Répons. Ad Deum qui lætificat juventutem meam.

Sacerdos. Judica me Deus & dif- cerne caufam meam de gente non fancta , ab homine iniquo & dolofo erue me.

Répons. Quia tu es Deus , forti- tudo mea , quare me repulifti ? & quare triftis incedo ? dum afdi-vi-tes | di-mi-sit | i-na-nes. |

Sus-ce-pit | Is-ra-ël | pu-e-rum | su-um : |
re-cor-da-tus | mi-se-ri-cor-di-æ | su-æ. |

Si-cut | lo-cu-tus | est | ad | Pa-tres | nos-
tros : | A-bra-ham, | & | se-mi-ni | e-jus |
in | sæ-cu-la. | Glo-ri-a | Pa-tri, | &c. |

RES-PON-SA | MIS-SÆ. |

Sa-cer-dos. INtro-i-bo | ad | Al-ta-re | De-i. |

Responsa. Ad | De-um | qui | læ-ti-fi-cat |
ju-ven-tu-tem | me-am. |

Sa-cer-dos. | Ju-di-ca | me | De-us | & | dis-
cer-ne | cau-sam | me-am | de | gen-te | non |
sanc-ta, | ab | ho-mi-ne | i-ni quo | & |
do-lo-so | e ru-e | me, |

Res-pon. | Qui-a | tu | es | De-us | for-ti-
tu-do | me-a , | qua-re | me | re-pu-lis-ti ? |
& | qua-re | tris-tis | in-ce-do ? | dum | af-

fligit me inimicus.

Sacerdos. Emitte lucem tuam & veritatem tuam, ipsa me deduxerunt, & adduxerunt in montem sanctum tuum & in tabernacula tua.

Répons. Et introibo ad Altare Dei, ad Deum qui lætificat juventutem meam.

Sacerdos. Confitebor tibi in cithara Deus, Deus meus : quare tristis es anima mea ? & quare conturbas me ?

Répons. Spera in Deo quoniam adhuc, confitebor illi, salutare vultus mei & Deus meus.

Sacerdos. Gloria Patri, & Filio, & spiritui sancto.

fli-git | me | i-ni-mi-cus. |

Sacerdos. | E-mit-te | lu-cem | tu-am | & | ve-ri-ta-tem | tu-am, | ip-sa | me | de-du-xe-runt, | & | ad-du-xe-runt | in | mon-tem | sanc-tum | tu-um | & | in | ta-ber-na-cu-la | tu-a. |

Res-pon. | Et | in-tro-i-bo | ad | Al-ta-re | De-i, | ad | De-um | qui | læ-ti-fi-cat | ju-ven-tu-tem | me-am. |

Sacerdos. | Con-fi-te-bor | ti-bi | in | ci-thara | De-us, | De-us | me-us : | qua-re | tris-tis | es | a-ni-ma | me-a, | & | qua-re | con-tur-bas | me. |

Res-pon. | Spe-ra | in | De-o | quo-ni-am | ad-huc | con-fi te-bor | il-li, | sa-lu-ta-re | vul-tus | me-i | & | De-us | me-us. |

Sa-cer-dos. | Glo-ri-a | Pa-tri, | & | Fi-li-o, | & | Spi-ri-tu-i | sanc-to. |

Répons. Sicut erat , &c.

Repetit cum Ministris Antiphonam.

Sacerdos. Introibo ad Altare Dei.

Répons. Ad Deum qui lætificat juventutem meam.

Signat se dicens Versus. Adjutorium nostrum in nomine Domini.

Répons. Qui fecit cœlum & terram.

Sacerdos. Confiteor Deo , &c.

Minister respondet. Misereatur tui omnipotens Deus , & dimissis omnibus peccatis tuis , perducat te ad vitam æternam.

Sacerdos. Amen.

Répons. Confiteor Deo omnipotenti , beatæ Mariæ semper Virgini , beato Michaëli Archangelo , beato Joanni , Baptistæ ,

Res-pon. | Si-cut | e-rat , | &c. |

Re-pe-tit | *cum* | Mi-nif-tris | An-ti-pho-nam. |

Sa-cer-dos. | In-troi-bo | ad | Al-ta-re | De-i. |

Ref-pon. | Ad | De-um | qui | læ-ti-fi-cat | ju-
ven-tu-tem | me-am. |

Si-gnat | *fe* | *di-cens* | *Ver-fus.* | Ad-ju-to-ri-um
nof-trum | in | no-mi-ne | Do-mi-ni. |

Ref-pon. | Qui | fe-cit | cæ-lum | & | ter-ram. |

Sa-cer-dos. | Con-fi-te-or | De-o, | &c. |

Mi-nif-ter | *ref-pon-det.* | Mife-re-a-tur | tu-i
om-ni-po-tens | De-us , & | di-mif-fis | om-
ni-bus | pec-ca-tis | tu-is, | per-du-cat | te
ad | vi-tam | æ-ter-nam. |

Sa-cer-dos. | A-men. |

Ref-pon. | Con-fi-te-or | De-o | om-ni-po-
ten-ti, | be-a-tæ | Ma-ri-æ | fem-per | Vir-
gi-ni, | be-a-to | Mi-cha-ë-li | Ar-chan-
ge-lo, | be-a-to | Jo-an-ni | Bap-tif-tæ, |
F iv

fanctis Apoftolis Petro & Paulo ,
omnibus Sanctis , & tibi Pater , quia
pcecavi nimis cogitatione , verbo &
opere , meâ culpâ , meâ culpâ ,
meâ maximâ culpâ. Ideò precor
beatam Mariam femper Virginem ,
beatum Michaëlem Archangelum ,
beatum Joannem Baptiftam , fanc-
tos Apoftolos Petrum & Paulum ,
omnes Sanctos , & te Pater , orare pro
me ad Dominum Deum noftrum.

Saeerdos. Mifereatur veftri, &c.

Répons. Amen.

Sacerdos. Indulgentiam , abfolutio-
nem , &c.

Répons. Amen.

Sacerdos. Deus tu converfus , vivificabis nos.

fanc-tis | A-pof-to lis | Pe-tro | & | Pau-lo, |
| om-ni-bus | Sanc-tis, | & | ti- bi | Pa-ter, | qui-a |
pec-ca-vi | ni--mis | co-gi-ta-ti-o-ne, | ver-bo |
& | o-pe-re, | me-â | cul-pâ, | me-â | cul-pâ, |
me-â | ma-xi-mâ | cul-pâ. | I de ò | pre-cor |
be-a-tam | Ma-ri-am | fem-per | Vir-gi-nem, |
be-a-tum | Mi-cha-ë-lem | Ar-chan-ge-lum, |
be-a-tum | Jo-an-nem | Bap-tif-tam , | fanc-
tos | A-pof-to-los | Pe-trum | & | Pau-lum , |
om-nes | Sanc-tos, | & | te | Pa-ter, | o-ra-re |
pro | me | ad | Do-mi-num | De-um | nof-trum. |

Sa-cer-dos. | Mi-fe-re-a-tur | vef-tri, | &c. |

Ref-pon. | A-men. |

Sa-cer-dos. | In-dul-gen-ti-am | ab-fo-lu-ti-o-
nem , | &c. |

Ref-pon. | A-men. |

Sa-cer-dos. | De-us | tu | con-ver-fus , | vi-
vi-ca-bis | nos. ,

Répons. Et plebs tua lætabitur in te.

Sacerdos. Oftende nobis Domine mifericordiam tuam.

Répons. Et falutare tuum da nobis.

Sacerdos. Domine exaudi orationem meam.

Répons. Et clamor meus ad te veniat.

Sacerdos. Dominus vobifcum.

Répons. Et cum fpiritu tuo.

Sacerdos. Orate fratres.

Répons. Sufcipiat Dominus hoc facrificium de manibus tuis , ad laudem & gloriam nominis fui , ad utilitatem quoque noftram totiufque Ecclefiæ fuæ fanctæ.

Sacerdos. Amen.

45

Reſ-pon. | Et plebs | tu-a | læ-ta-bi-tur | in |
te. |

Sa-cer-dos. | Of-ten-de | no-bis | Do-mi-ne |
mi-ſe-ri-cor-di-am | tu-am. |

Reſ-pon. | Et | ſa-lu-ta-re | tu-um | da | no-bis. |
Sa-cer-dos. | Do-mi-ne | ex-au-di | o-ra-ti-
o-nem | me-am. |

Reſ-pon. | Et | cla-mor | me-us | ad | te | ve-
ni-at. |

Sa-cer-dos. | Do-mi-nus | vo-biſ-cum. |
Reſ-pon. | Et | cum | ſpi-ri-tu | tu-o. |
Sa-cer-dos. | O-ra-te | fra-tres. |

Reſ-pon. | Suſ-ci-pi-at | Do-mi-nus | hoc |
ſacri-fi-ci-um | de | ma-ni-bus | tu-is, | ad |
lau-dem | & | glo-ri-am | no-mi-nis | ſui, |
ad | u-ti-li-ta-tem | quo-que | noſ-tram |
to-ti-uſ-que | Ec-cle-fi-æ | ſu-æ | ſanc-tæ. |
Sa-cer-dos. | A-men. |

Sacerdos. Per omnia fæcula fæcu-
lorum. *Répons.* Amen.

Sacerdos. Dominus vobifcum.
Répons. Et cum fpiritu tuo.
Sacerdos. Surfum corda.
Répons. Habemus ad Dominum.

Sacerdos. Gratias agamus Domino
Deo noftro.

Répons. Dignum & juftum eft.
Sacerdos. Per omnia fæcula fæculo-
rum. *Répons.* Amen.

Sacerdos. Pater nofter &c.

Répons. Sed libera nos à malo.
Sacerdos. Amen.

Sacerdos. Per omnia fæcula fæculo-
rum. *Répons.* Amen.

Sacerdos. Pax Domini fit femper
vobifcum.

46

Sa-cer-dos. | Per | om-ni-a | fæ-cu-la | fæ-cu-
lo-rum. | *Ref-pons.* | A-men. |

Sa-cer-dos. | Do-mi-nus | vo-bif-cum. |

Ref-pon. | Et | cum | fpi-ri-tu | tu-o. |

Sa-cer-dos. | Sur-fum | cor-da. |

Ref pon. | Ha-be-mus | ad | Do-mi-num. |

Sa-cer-dos. | Gra-ti-as | a-ga-mus | Do-
mi-no | De-o | nof tro. |

Ref-pon. | Di-gnum | & | juf-tum | eft. |

Sa-cer-dos. | Per | om-ni-a | fæ-cu-la | fæ-cu-
lo-rum. | *Ref pon.* | A-men. |

Sa-cer-dos. | Pa-ter nof-ter. | &c. |

Ref-pon. | Sed | li-be-ra | nos | à | ma-lo. |

Sa-cer-dos. | A-men. |

Sa-cer-dos. | Per | om-ni-a | fæ-cu-la | fæ-cu-
lo-rum. | *Ref-pon.* | A-men. |

Sa-cer-dos. | Pax | Do-mi-ni | fit | fem-per |
vo-bif cum. |

Répons, Et cum spiritu tuo.

Sacerdos. Ite Missa est. *ou* Benedicamus Domino.

Répons. Deo gratias.

A la fin de quelque œuvre. Oraison.

SUscipe clementissime Deus , precibus & meritis beatæ Mariæ semper virginis , & omnium sanctorum & sanctarum , officium servitutis nostræ : & si quid dignum laude egimus , propitius respice , & quod negligenter actum est , clementer ignosce. Qui in Trinitate perfecta vivis & regnas Deus. Per omnia sæcula sæculorum. Amen.

F I N.

Ref-pon. | Et | cum | fpi-ri-tu | tu-o. |

Sa-cer-dos. | I-te | Mif-fa | eft. | *ou* | Be-ne-di-ca-mus | Do-mi-no. |

Ref-pon. | De-o | gra-ti-as. |

A | la | fin | de | quel-que | œu-vre. | O rai-fon. |

SUf-ci-pe | cle-men-tif fi-me | De-us , | pre-ci-bus | & | me-ri-tis | be-a-tæ | Ma-ri-æ | fem-per | vir-gi-nis, | & | om ni-um | fanc-to-rum | & | fanc-ta-rum, | of-fi-ci.um | fer-vi-tu-tis | nof-træ : | & | fi | quid | di-gnum | lau-de | e-gi-mus, | pro-pi-ti-us | ref-pi-ce, | & | quod | ne-gli-gen-ter | ac-tum | eft, | cle-men-ter | i-gnof-ce. | Qui | in | Tri-ni-ta-te | per-fec-ta | vi-vis | & | re-gnas | De-us. | Per | om-ni-a | fæ-cu-la | fæ-cu-lo-rum. | A-men. | FIN.

PERMISSION DU ROY.

LOUIS par la grace de Dieu Roi de France & de Navarre : A nos amez & feaux Confeillers les gens tenans nos Cours de Parlement, Maîtres des Requêtes ordinaires de nôtre Hôtel, Grand Confeil, Prevôt de Paris, Baillifs, Senéchaux, leurs Lieutenans Civils, & autres nos justiciers qu'il appartiendra, SALUT. Nôtre bein-amé J. B. BROCAS, Libraire à Paris, Nous ayant fait fupplier de lui accorder nos Lettres de Permiffion pour l'impref-fion de *l'Alphabet Ingenieux , & le Manuel des Grammairiens,* offrant pour cet effet de le faire imprimer en bon papier & beaux caracteres fuivant la feüille imprimée & attachée pour

modele fous le contre-Scel des prefentes, Nous lui avons per-
mis & permettons par ces préfentes, de faire imprimer ledit
Livre, en un ou plufieurs volumes, conjointement ou feparé-
ment, & autant de fois que bon lui femblera, fur papier & caracteres conformes à ladite feüille imprimée & attachée fous
notre contre-Scel, & de le vendre, faire vendre & debiter
par tout nôtre Royaume, pendant le tems de trois années con-
fecutives, à compter du jour de la date defdites Prefentes. Fai-
fons défenfes à tous Libraires Imprimeurs, & autres Perfonnes, de quelque qualité & condition qu'elles foient d'en intro-
duire d'impreffion étrangere dans aucun lieu de nôtre obéïffan-
ce; à la charge que ces prefentes feront enregiftrées tout au
long fur le Regître de la Communauté des Libraires & Imprimeurs de Paris, & ce dans trois mois de la datte d'icelles; que
l'impreffion defd. Livres fera faire dans nôtre Royaume,& non
ailleurs; & que l'Impétrant fe conformera aux Reglemens de
la Librairie, & notamment à celui du dix Avril 1725. & qu'a-
vant que de l'expofer en vente, le Manufcrit ou Imprimé qui
aura fervi de copie à l'impreffion dudit Livre, fera remis dans
le même état ou l'Aprobation y aura été donnée, és mains de
nôtre très cher & feal Chevalier Garde des Sceaux de France,
le fieur Fleuriau d'Armenonville Commandeur de nos Ordres,
& qu'il en fera enfuite remis deux Exemplaires dans nôtre Bi-
bliotheque publique, un dans celle de nôtre Château du Louvre,
& un dans celle de notre très-cher & feal Chevalier Garde des
Sceaux de France le Sr Fleuriau d'Armenonville Commandeur
de nos Ordres, le tout à peine de nullité des préfente : du contenu
defquelles vous mandons & enjoignons de faire joüir l'Expo-
fant ou fes ayant caufe, pleinement & paifiblement, fans fouf-
frir qu'il leur foit fait aucun trouble ou empêchement. Voulons
qu'à la copie defd. prefentes, qui fera imprimée tout au long
au commencement ou à la fin dudit Livre, foi foit ajoûtée
comme à l'original : Commandons au premier nôtre Huiffier
ou Sergent de faire pour l'execution d'icelles tous actes requis
& neceffaires, fans demander autre permiffion, & non obftant
clameur de Haro, Charte Normande & Lettres à ce contraires.
Car tel eft nôtre plaifir. Donné à Paris le huitiéme jour du
mois de May l'an de grace mil fept cens vingt-fept, & de nôtre Regne le douziéme. Par le Roy en fon Confeil. SAINSON.

Regiftré fur le Regître VI. *de la Chambre Royale des Libraires &*
Imprimeurs de Paris, No. 645. fol. 518. *conformément aux anciens*
Reglemens confirmez par celui du 28. *Fevrier* 1723. *à Paris le treize*
May 1727. Signé, B R U N E T, *Syndic.*